+Atividades
Matemática

Linos Galdonne

Nome:

Turma:

Escola:

Professor:

Dados Internacionais de Catalogação na Publicação (CIP)
(Câmara Brasileira do Livro, SP, Brasil)

Galdonne, Linos
   + Atividades: matemática, 5 / Linos Galdonne. – São Paulo: Editora do Brasil, 2016.

   ISBN 978-85-10-06138-4 (aluno)
   ISBN 978-85-10-06384-5 (professor)

   1. Matemática (Ensino fundamental) 2. Matemática (Ensino fundamental) - Atividades e exercícios I. Título.

16-04268   CDD-372.7

Índices para catálogo sistemático:
1. Matemática: Ensino fundamental 372.7

© Editora do Brasil S.A., 2016
Todos os direitos reservados

Direção geral: Vicente Tortamano Avanso
Direção adjunta: Maria Lucia Kerr Cavalcante de Queiroz

Direção editorial: Cibele Mendes Curto Santos
Gerência editorial: Felipe Ramos Poletti
Supervisão editorial: Erika Caldin
Supervisão de arte, editoração e produção digital: Adelaide Carolina Cerutti
Supervisão de direitos autorais: Marilisa Bertolone Mendes
Supervisão de controle de processos editoriais: Marta Dias Portero
Supervisão de revisão: Dora Helena Feres
Consultoria de iconografia: Tempo Composto Col. de Dados Ltda.

Coordenação de edição: Valéria Elvira Prete
Edição: Edson Ferreira de Souza e Rodrigo Pessota
Auxílio editorial: Paola Olegário da Costa
Coordenação de revisão: Otacilio Palareti
Copidesque: Gisélia Costa e Sylmara Beletti
Revisão: Alexandra Resende, Ana Carla Ximenes e Maria Alice Gonçalves
Coordenação de iconografia: Léo Burgos
Pesquisa iconográfica: Adriana Vaz Abrão
Coordenação de arte: Maria Aparecida Alves
Assistência de arte: Samira Souza
Design gráfico: Estúdio Sintonia e Patrícia Lino
Capa: Maria Aparecida Alves
Imagem de capa: Shevs/Shutterstock.com
Ilustrações: João P. Mazzoco, Leonardo Conceição e Saulo Nunes Marques
Coordenação de editoração eletrônica: Abdonildo José de Lima Santos
Editoração eletrônica: José Anderson Campos
Licenciamentos de textos: Cinthya Utiyama, Paula Harue Tozaki e Renata Garbellini
Coordenação de produção CPE: Leila P. Jungstedt
Controle de processos editoriais: Beatriz Villanueva, Bruna Alves, Carlos Nunes e Rafael Machado

1ª edição / 4ª impressão, 2025
Impresso na Hawaii Gráfica e Editora

Avenida das Nações Unidas, 12901
Torre Oeste, 20º andar
São Paulo, SP – CEP: 04578-910
Fone: + 55 11 3226-0211
www.editoradobrasil.com.br

Sumário

Figuras geométricas 5
1. Sólidos geométricos 6
2. Figuras geométricas planas 9
3. Retas, segmentos de retas e semirretas 12

Sistemas de numeração 14
4. Algarismos e números 15
5. Ordens e classes 17
6. Sistema de numeração romano 19

Adição e subtração 21
7. Adição de números naturais 22
8. Subtração de números naturais 24
9. Adição e subtração 26

Multiplicação e divisão 28
10. Multiplicação de números naturais 29
11. Divisão de números naturais 31
12. Multiplicação e divisão 33
13. Ideia de múltiplo 35
14. Ideia de divisor 37

Ângulos, triângulos e quadriláteros 39
15. Ideia de ângulo 40
16. Comparação e classificação de ângulos 42
17. Quadriláteros 44

18. Triângulos 46

Os números e a escrita fracionária 48
19. Fração: a ideia da parte de um todo 49
20. Fração de uma quantidade 51
21. Números mistos 53
22. Frações equivalentes 55

Área 57
23. Medida de superfície 58
24. Cálculo de áreas 60

Operações com frações e porcentagem 62
25. Simplificação e comparação de frações 63
26. Adição e subtração de frações com denominadores iguais 65
27. Adição e subtração de frações com denominadores diferentes 67
28. Cálculo de porcentagem 69

Números decimais 71
29. Números com vírgulas 72
30. Centésimos e milésimos 74
31. Adição e subtração 76
32. Multiplicação 77
33. Divisão 79

Figuras geométricas

1. Sólidos geométricos
2. Figuras geométricas planas
3. Retas, segmentos de retas e semirretas

1. Sólidos geométricos

1 Complete o quadro e responda às questões. Note que os sólidos B e D têm, cada um, faces quadradas e de mesmo tamanho.

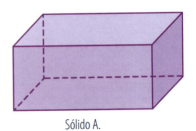
Sólido A.

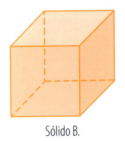
Sólido B.

Sólido C.

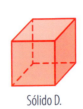
Sólido D.

Sólido	Número de vértices	Número de arestas	Número de faces
A			
B			
C			
D			

a) Qual é a denominação de cada um desses sólidos?
_____
_____

b) O que um cubo e um paralelepípedo têm em comum?
_____
_____

2 Observe os sólidos geométricos representados a seguir e responda às questões.

Sólido I.

Sólido II.

Sólido III.

Sólido IV.

a) Quais sólidos têm as mesmas características?
_____

b) Quais sólidos têm duas faces circulares?
_____

3) Localize no diagrama as palavras que completam as afirmações abaixo.

a) As seis _____ de um cubo são quadrados.
b) Em um paralelepípedo, pelo menos quatro faces são _____.
c) Em um cilindro existem duas faces que são _____.
d) Uma lata de suco é parecida com um _____.
e) O dado utilizado nas brincadeiras é parecido com um _____.
f) Um cone tem apenas um _____.
g) Uma bola de tênis tem a forma de uma _____.

V	P	E	E	R	T	G	H	J	N	M	D	I	J	H	C
É	P	Â	C	N	G	U	T	M	N	T	Y	T	E	N	S
R	T	T	K	R	E	T	Â	N	G	U	L	O	S	G	C
B	R	R	A	E	S	X	C	V	N	E	K	L	F	B	I
T	D	V	V	F	A	C	Â	E	S	S	J	H	E	O	L
D	E	É	O	A	Í	D	F	Ê	É	F	M	O	R	D	I
C	C	R	I	A	E	R	A	D	N	E	V	K	A	S	N
U	I	T	H	C	Í	R	C	U	L	O	S	I	S	E	D
B	R	I	L	C	E	P	R	S	A	R	F	E	I	H	R
O	T	C	Ç	E	M	F	A	C	E	S	S	Ç	S	V	O
U	A	E	Y	D	C	U	L	O	C	I	A	B	T	O	Z
Í	I	K	H	R	T	U	B	V	F	R	F	A	T	I	E

4) Pinte as pirâmides a seguir de acordo com o código de cores.

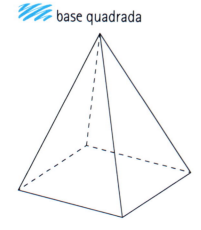 base quadrada

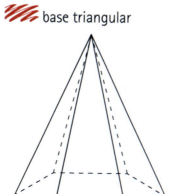 base triangular

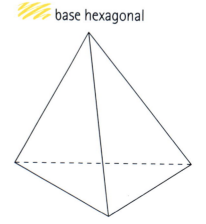 base hexagonal

5. Ligue os sólidos geométricos às denominações que correspondem a eles.

a) icosaedro

b) hexaedro

c) octaedro

d) dodecaedro

e) tetraedro

6. Na figura a seguir temos um paralelepípedo e sua planificação. Supondo-se que as faces opostas tenham a mesma cor, pinte a planificação com as cores correspondentes às faces do sólido.

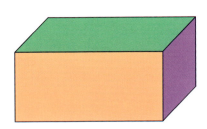
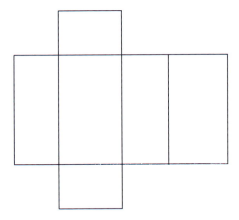

7 Escreva o nome de cada sólido geométrico.

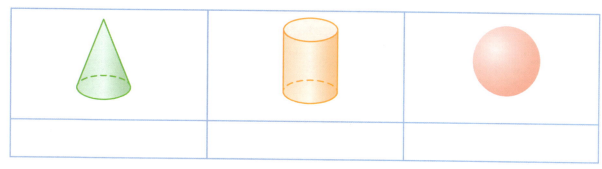

- Agora escreva o nome de um objeto que se parece com cada um desses sólidos.

_____

_____

_____

2. Figuras geométricas planas

1 Observe as sete peças do Tangram formando um quadrado e depois responda às questões.

a) Todas as peças têm a mesma forma geométrica plana?
_____

b) Quais são as denominações das figuras que formam o Tangram?
_____
_____

c) Cite uma diferença entre um quadrado e um triângulo.
_____

d) Com dois triângulos de mesmo tamanho é possível formar um quadrado?
_____

2 Responda às questões.

a) Qual é a denominação dada à figura geométrica correspondente a cada uma das faces de um cubo?
_____

b) E qual é a denominação dada à figura geométrica correspondente a cada uma das faces planas de um cilindro?
_____

3. No quadro de Piet Mondrian (1872-1944) representado a seguir aparecem apenas retângulos. Observe as cores no quadro: amarelo, vermelho, branco, preto, azul e cinza.

Piet Mondrian. Composição A, 1920.
Óleo sobre tela, 90 cm × 91 cm.

a) Agora você é o artista! Escolha seis cores e pinte o quadro abaixo.

b) Responda às questões a seguir.
 • O que existe em comum entre um quadrado e um retângulo?

 • E o que há de diferente?

10

4. Na malha quadriculada a seguir foi desenhado um polígono com 7 lados.

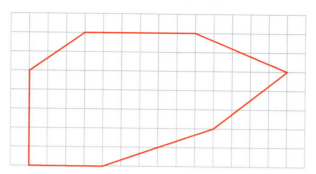

- Com o auxílio de uma régua, dobre o tamanho da figura na malha quadriculada abaixo.

5. Cada quadradinho da malha a seguir tem 1 cm de medida de lado. Observe os retângulos A e B desenhados e responda às questões.

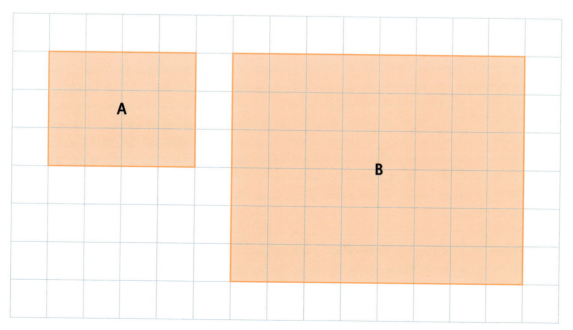

a) Quais são as medidas dos lados dos retângulos A e B?

b) Quais são os perímetros dos retângulos A e B?

c) O retângulo A é uma ampliação do retângulo B? _____

d) O retângulo B é uma ampliação do retângulo A? _____

6 Pinte com a mesma cor os polígonos que têm o mesmo número de lados e depois responda à questão.

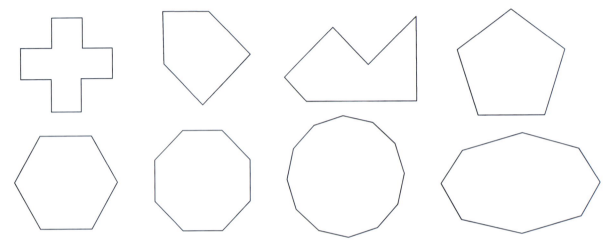

- O que você notou com relação aos vértices dos polígonos que foram pintados com a mesma cor?

3. Retas, segmentos de retas e semirretas

1 A partir de cada lado de um quadrado, Márcia desenhou um polígono diferente. Observe.

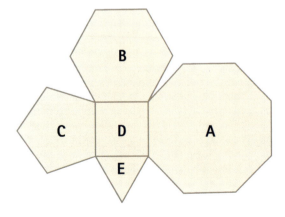

a) Todos esses polígonos têm o mesmo número de lados? _____

b) Todos esses polígonos têm o mesmo número de vértices? _____

c) Qual é a denominação de cada um desses polígonos? _____

2. Em relação aos polígonos desenhados por Márcia, indique o número de segmentos que formam cada um dos polígonos.

Polígono	Número de segmentos
A	
B	
C	
D	
E	

Agora responda:

- Quantos segmentos Márcia teve de traçar em seu desenho?

_____

3. Após desenhar um quadrado, Pedro fez o seguinte desenho com uma régua:

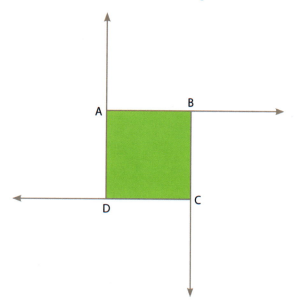

Prolongando cada lado do quadrado, pode-se dizer que Pedro representou 4 _____.

4. No quadro a seguir represente um segmento de reta, uma semirreta e uma reta.

Sistemas de numeração

4. Algarismos e números
5. Ordens e classes
6. Sistema de numeração romano

4. Algarismos e números

1 Pinte as figuras que representam o Material Dourado e, depois, responda às questões.

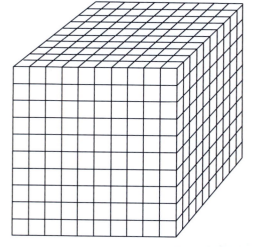
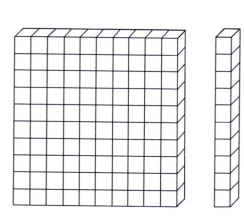

a) O cubo é formado por quantas placas? _____
b) Cada placa é formada por quantas barras? _____
c) Cada barra é formada por quantos cubinhos? _____
d) Qual é o número representado pelo cubo? _____
e) Qual é o número representado pela placa? _____
f) Qual é o número representado pela barra? _____
g) E pelo cubinho? _____

2 Utilizando a menor quantidade possível de Material Dourado, represente os números nos itens com base nos desenhos a seguir.

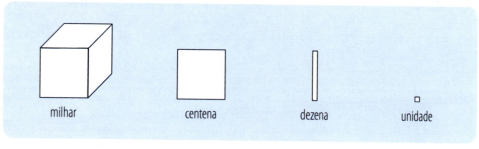

a) 3 457

c) 9 381

b) 8 962

d) 6 284

3. Escreva os números a seguir utilizando algarismos.

a) Novecentos e oitenta e cinco mil trezentos e oitenta e nove: _____
b) Quatrocentos e cinquenta e sete mil oitocentos e quarenta e dois: _____
c) Trezentos e noventa e nove mil seiscentos e vinte e sete: _____
d) Quinhentos e treze mil quinhentos e noventa e quatro: _____
e) Oitocentos e nove mil setecentos e vinte e cinco: _____
f) Duzentos e trinta e quatro mil quatrocentos e trinta e dois: _____

4. Observando os números escritos na atividade anterior, responda:

a) Qual desses números é o maior? _____
b) Qual deles é o menor? _____
c) Em qual deles o algarismo 5 tem o maior valor posicional? _____
d) Em qual deles o algarismo 3 tem o menor valor posicional? _____
e) Em qual deles o algarismo 7 tem o valor posicional igual a 7 000? _____
f) Em qual deles o algarismo 8 tem o valor posicional igual a 80? _____

5. Escreva o resultado de cada uma das seguintes adições.

a) 900 000 + 40 000 + 5 000 + 600 + 20 + 7 = _____
b) 300 000 + 70 000 + 8 000 + 200 + 30 + 2 = _____
c) 700 000 + 20 000 + 2 000 + 400 + 50 + 3 = _____
d) 800 000 + 90 000 + 4 000 + 800 + 70 + 4 = _____
e) 200 000 + 30 000 + 9 000 + 300 + 90 + 8 = _____
f) 500 000 + 20 000 + 3 000 + 400 + 10 + 9 = _____

6. Escreva por extenso cada um dos resultados das adições da atividade anterior.

a) _____

b) _____

c) _____

d) _____

e) _____

f) _____

5. Ordens e classes

1 Observe o número escrito no quadro valor de lugar e complete as frases.

Classe dos milhões			Classe dos milhares			Classe das unidades		
C	D	U	C	D	U	C	D	U
9	5	8	3	8	4	7	6	2

a) O número representado é: _____ milhões, _____ mil _____ unidades.

b) 9 centenas de milhão correspondem a _____ unidades

c) 5 dezenas de milhão correspondem a _____ unidades

d) 8 unidades de milhão correspondem a _____ unidades

e) 3 centenas de milhar correspondem a _____ unidades

f) 8 dezenas de milhar correspondem a _____ unidades

g) 4 unidades de milhar correspondem a _____ unidades

2 Represente no quadro valor de lugar os números a seguir.

a) O antecessor de 913 milhões, 489 mil e 300 unidades.

Classe dos milhões			Classe dos milhares			Classe das unidades		
C	D	U	C	D	U	C	D	U

b) O dobro do número 57 milhões.

Classe dos milhões			Classe dos milhares			Classe das unidades		
C	D	U	C	D	U	C	D	U

c) O maior número formado com 9 algarismos diferentes.

Classe dos milhões			Classe dos milhares			Classe das unidades		
C	D	U	C	D	U	C	D	U

3 Descubra o segredo das sequências e complete-as. Depois explique o segredo de cada uma.

a)
923 000 100
923 020 100
923 040 100

Segredo: _____

b)
97 300 000
97 150 000
97 000 000

Segredo: _____

4 Escreva cada item com algarismos e, depois, localize-os no diagrama de números.

a) O sucessor de 8 999 999: _____.
b) O sucessor de 93 milhões: _____.
c) O antecessor de 44 milhões: _____.
d) O dobro de 25 milhões: _____.
e) O sucessor de 9 milhões e 200 mil: _____.
f) O antecessor de 10 milhões e 9 mil: _____.

1	5	9	2	9	0	0	0	0	0	0	1	9	4
5	0	3	3	9	9	9	0	0	0	1	2	2	3
6	2	0	5	7	4	5	2	4	1	6	6	9	9
9	0	0	8	1	0	0	8	8	8	6	3	0	9
0	1	0	0	0	8	9	9	9	5	5	4	0	9
0	3	0	6	6	5	2	2	2	7	2	0	0	9
4	2	0	4	9	9	9	4	0	2	2	9	0	9
1	5	1	2	0	0	0	2	0	3	0	3	5	9
7	9	3	2	1	0	0	0	0	5	0	4	2	1
3	5	0	0	0	0	0	0	0	8	2	7	2	5
8	8	8	1	9	6	5	2	1	0	0	2	0	0

6. Sistema de numeração romano

1 Ligue os números escritos no sistema de numeração romano com os correspondentes no sistema de numeração decimal.

| XXIV | XIX | LXII | LXXIV | XCII | CLX | DCCI | CMX |

| 62 | 92 | 701 | 24 | 160 | 910 | 19 | 74 |

2 Complete o quadro com os números de 60 a 129 em algarismos romanos.

LX									LXIX
					LXXV				
				LXXXIV					
			XCIII						
		CII							
	CXI								
								CXXVIII	

3 Responda às questões.

a) Quais são os símbolos fundamentais dos algarismos romanos? _____

b) Quais são os símbolos secundários dos algarismos romanos? _____

c) Qual é a primeira regra para escrever os números com algarismos romanos?

_____

_____

d) Qual é a segunda regra para escrever os números com algarismos romanos?

_____

_____

e) Qual é a terceira regra para escrever os números com algarismos romanos?

_____

_____

4 Desenhe os ponteiros dos relógios conforme os horários indicados.

| 15 h 30 min | 10 h 15 min | 11 h 45 min |

| 8 h 20 min | 6 h 50 min | 1 h 40 min |

5 Descubra o segredo da sequência e complete-a. Depois explique o segredo.

MCCC ☐ ☐

MCCCX ☐ ☐

MCCCXX ☐ ☐ ☐

Segredo: _____
_____

6 Escreva, em algarismos romanos, o sucessor de:

a) MDCIX: _____ ;

b) DCXL: _____ .

Adição e subtração

7. Adição de números naturais
8. Subtração de números naturais
9. Adição e subtração

7. Adição de números naturais

1 Escreva o resultado das adições a seguir.

a) 900 000 + 70 000 + 4 000 + 300 + 70 + 8 = _____

b) 600 000 + 40 000 + 5 000 + 600 + 20 + 9 = _____

c) 200 000 + 30 000 + 2 000 + 900 + 80 + 1 = _____

2 Faça as adições de acordo com o exemplo a seguir.

```
    64 572 + 29 823
  60 000 +  4 000 +   500 + 70 + 2
  20 000 +  9 000 +   800 + 20 + 3
  ─────────────────────────────────
  80 000 + 13 000 + 1 300 + 90 + 5
  80 000 + (10 000 + 3 000) + (1 000 + 300) + 90 + 5
  90 000 + 4 000 + 300 + 90 + 5 = 94 395
```

a) 94 887 + 32 915 = _____

c) 18 873 + 89 643 = _____

b) 76 561 + 48 037 = _____

d) 57 704 + 39 354 = _____

3 Resolva os problemas a seguir.

a) Em uma calculadora, Marta digitou o maior número com seis algarismos e somou-o com o menor número com seis algarismos. Qual resultado ela obteve?

Resposta: _____

b) No gráfico a seguir está indicado o faturamento no segundo semestre de duas grandes empresas, em milhões de reais. Determine o faturamento total de cada empresa no período e qual delas teve o maior faturamento.

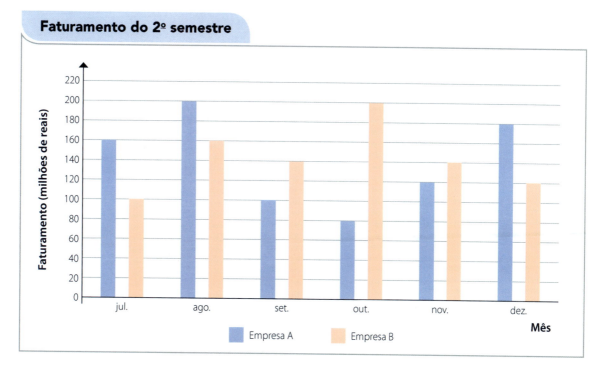

Resposta: _____
_____

4. Complete as lacunas com o resultado das adições.

a) 9 + 4 = _____
90 + 40 = _____
900 + 400 = _____
9 000 + 4 000 = _____
90 000 + 40 000 = _____
900 000 + 400 000 = _____

b) 7 + 8 = _____
70 + 80 = _____
700 + 800 = _____
7 000 + 8 000 = _____
70 000 + 80 000 = _____
700 000 + 800 000 = _____

5. Descubra o segredo da sequência e complete-a. Depois explique o segredo.

23 500 200

23 520 300

23 540 400

Segredo:
_____

8. Subtração de números naturais

1 Faça as subtrações de acordo com o exemplo a seguir.

> 64 572 − 29 823
>
> Como 29 823 = 20 000 + 9 000 + 800 + 20 + 3, fazemos:
>
> 64 572 − 20 000 = 44 572
>
> 44 572 − 9 000 = 35 572
>
> 35 572 − 800 = 34 772
>
> 34 772 − 20 = 34 752
>
> 34 752 − 3 = 34 749

a) 94 887 − 32 915 = _____

c) 98 873 − 79 643 = _____

b) 76 561 − 48 037 = _____

d) 57 704 − 39 354 = _____

2 Complete as lacunas com o resultado das subtrações.

a) 9 − 4 = _____

90 − 40 = _____

900 − 400 = _____

9 000 − 4 000 = _____

90 000 − 40 000 = _____

900 000 − 400 000 = _____

b) 17 − 8 = _____

170 − 80 = _____

1 700 − 800 = _____

17 000 − 8 000 = _____

170 000 − 80 000 = _____

1 700 000 − 800 000 = _____

3 O que acontece com o resultado de uma subtração quando adicionamos um mesmo número ao minuendo e ao subtraendo?

_____

4 Resolva os problemas a seguir.

a) Joana digitou numa calculadora o maior número formado por seis algarismos distintos. Desse número, ela subtraiu o número de habitantes do município onde mora, obtendo como resultado o número 762 623. Qual é o número de habitantes do município onde Joana mora?

Resposta: _____

b) Depois Joana digitou na calculadora o maior número formado por seis algarismos. Subtraiu então a população do município em que mora. Qual resultado ela obteve?

Resposta: _____

5 O gráfico a seguir apresenta o faturamento de uma grande indústria nos anos de 2010 a 2015. A linha tracejada indica o faturamento planejado. Analise o gráfico e depois faça o que se pede.

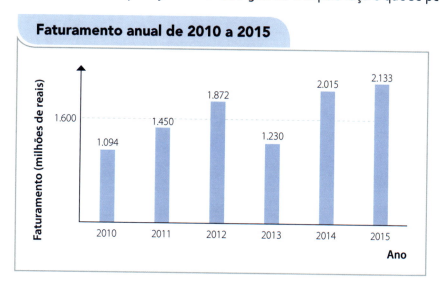

a) Em quais anos a indústria teve um faturamento acima do planejado?

_____

b) Complete a tabela com o valor que faltou para essa indústria alcançar o faturamento planejado nos anos em que ela não atingiu a meta.

Ano			
Quanto faltou			

25

9. Adição e subtração

1 Descubra o segredo da sequência e complete-a.

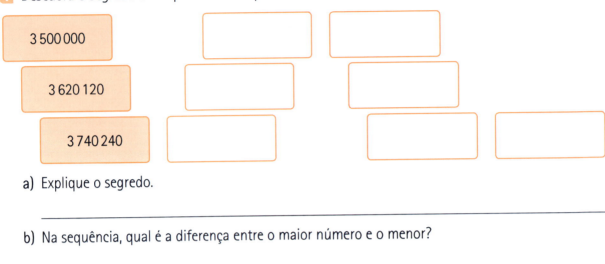

a) Explique o segredo.

_____

b) Na sequência, qual é a diferença entre o maior número e o menor?

_____

2 Resolva os problemas a seguir.

a) A tabela mostra os dados sobre a população brasileira segundo os censos 2000 e 2010 por região. Responda: Em número de habitantes, qual foi a região que cresceu menos?

Região \ Ano	2000	2010
Brasil	169 799 170	190 755 799
Região Norte	12 900 704	15 864 454
Região Nordeste	47 741 711	53 081 950
Região Sudeste	72 412 411	80 364 410
Região Sul	25 107 616	27 386 891
Região Centro-Oeste	11 636 728	14 058 094

Fonte: IBGE. Disponível em: <www.ibge.gov.br/home/presidencia/noticias/imprensa/ppts/00000008473104122012315727483985.pdf>. Acesso em: out. 2015.

Resposta: _____

b) No Censo 2010 a população brasileira era de 190 755 799 habitantes. Quantos habitantes faltavam para chegar aos 200 milhões?

Resposta: _____

c) Ainda sobre a população brasileira, de quanto foi o aumento do Censo 2000 para o Censo 2010 considerando que em 2000 eram 169 799 170 habitantes?

Resposta: _____

3 Com base na tabela do item **a** da atividade anterior, sobre a população brasileira, Mateus resolveu fazer uma nova tabela com as populações aproximadas, arredondando os valores para a centena de milhar mais próxima. Observe como ele procedeu e complete a tabela com os valores que faltam. Depois faça o que se pede.

Região \ Ano	2000	2010
Brasil	169 800 000	190 800 000
Região Norte	12 900 000	
Região Nordeste		53 100 000
Região Sudeste	72 400 000	
Região Sul	25 100 000	
Região Centro-Oeste		14 100 000

a) Escreva o resultado da adição dos valores arredondados do Censo 2000 referentes às regiões brasileiras.
_____

b) O resultado do item **a** foi igual ao valor arredondado da população brasileira do Censo 2000? Se não, qual foi a diferença?
_____
_____

c) Escreva o resultado da adição dos valores arredondados do Censo 2010 referentes às regiões brasileiras.
_____

d) O resultado do item **c** foi igual ao valor arredondado da população brasileira do Censo 2010? Se não, qual foi a diferença?
_____
_____

Multiplicação e divisão

10. Multiplicação de números naturais
11. Divisão de números naturais
12. Multiplicação e divisão
13. Ideia de múltiplo
14. Ideia de divisor

10. Multiplicação de números naturais

1 Observe como Marcos calculou o número de quadradinhos da malha quadriculada a seguir.

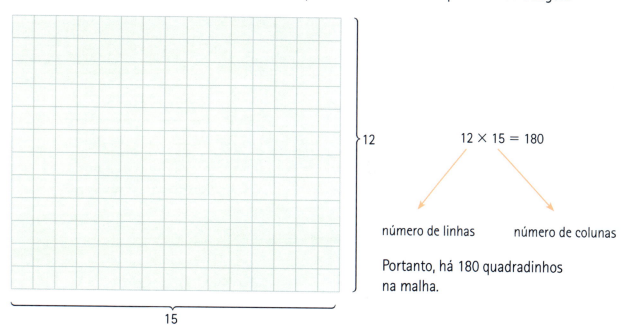

Calcule o número de quadradinhos que há numa malha quadriculada formada pelas quantidades a seguir.

a) 21 linhas e 30 colunas

Há _____ quadradinhos.

b) 18 linhas e 25 colunas

Há _____ quadradinhos

c) 16 linhas e 22 colunas

Há _____ quadradinhos.

d) 25 linhas e 26 colunas

Há _____ quadradinhos.

2 Retome algumas tabuadas completando o quadro.

6 × 1 = ___	7 × 1 = ___	8 × 1 = ___	9 × 1 = ___
6 × 2 = ___	7 × 2 = ___	8 × 2 = ___	9 × 2 = ___
6 × 3 = ___	7 × 3 = ___	8 × 3 = ___	9 × 3 = ___
6 × 4 = ___	7 × 4 = ___	8 × 4 = ___	9 × 4 = ___
6 × 5 = ___	7 × 5 = ___	8 × 5 = ___	9 × 5 = ___
6 × 6 = ___	7 × 6 = ___	8 × 6 = ___	9 × 6 = ___
6 × 7 = ___	7 × 7 = ___	8 × 7 = ___	9 × 7 = ___
6 × 8 = ___	7 × 8 = ___	8 × 8 = ___	9 × 8 = ___
6 × 9 = ___	7 × 9 = ___	8 × 9 = ___	9 × 9 = ___
6 × 10 = ___	7 × 10 = ___	8 × 10 = ___	9 × 10 = ___

3. Complete as multiplicações.

a) 2 × 12 = _____
2 × 120 = _____
2 × 1 200 = _____
2 × 12 000 = _____
2 × 120 000 = _____

b) 13 × 3 = _____
13 × 30 = _____
13 × 300 = _____
13 × 3 000 = _____
13 × 30 000 = _____

c) 5 × 15 = _____
5 × 150 = _____
5 × 1 500 = _____
5 × 15 000 = _____
5 × 150 000 = _____

d) 4 × 16 = _____
4 × 160 = _____
4 × 1 600 = _____
4 × 16 000 = _____
4 × 160 000 = _____

e) 7 × 7 = _____
7 × 70 = _____
7 × 700 = _____
7 × 7 000 = _____
7 × 70 000 = _____

f) 18 × 4 = _____
18 × 40 = _____
18 × 400 = _____
18 × 4 000 = _____
18 × 40 000 = _____

4. Resolva cada um destes problemas.

a) O piso de um grande salão retangular será feito com lajotas quadradas de mesmo tamanho. Descobriu-se que são necessárias 45 lajotas para o comprimento e 26 lajotas para a largura. Quantas lajotas serão necessárias para cobrir o piso?

Resposta: _____

b) Considerando o problema anterior, qual será o gasto na compra dessas lajotas se cada uma delas custa 40 reais?

Resposta: _____

c) Na compra de um carro, Pedro deu 10 400 reais de entrada e dividiu o restante em 15 parcelas de 800 reais cada uma. Quanto ele gastou na compra do carro?

Resposta: _____

11. Divisão de números naturais

1 Complete as divisões.

a) 65 ÷ 5 = _____
   650 ÷ 5 = _____
   6 500 ÷ 5 = _____
   65 000 ÷ 5 = _____
   650 000 ÷ 5 = _____

b) 48 ÷ 16 = _____
   480 ÷ 160 = _____
   4 800 ÷ 1 600 = _____
   48 000 ÷ 16 000 = _____
   480 000 ÷ 160 000 = _____

2 Em cada divisão obtenha o quociente e o resto.

a) 9 395 ÷ 8

c) 7 222 ÷ 9

quociente: _____   resto: _____

quociente: _____   resto: _____

b) 6 347 ÷ 7

d) 8 873 ÷ 6

quociente: _____   resto: _____

quociente: _____   resto: _____

3 Complete o quadro com o dividendo de cada divisão. Utilize uma calculadora.

	Dividendo	Divisor	Quociente	Resto
a)		245	90	25
b)		252	120	40
c)		123	250	95
d)		34	182	31
e)		27	453	22
f)		42	2 510	35
g)		99	800	80

4 Responda às questões.

a) Quantas cédulas de 10 reais são necessárias para juntar 25 000 reais?

_____

b) Quantas cédulas de 20 reais são necessárias para juntar 40 000 reais?

_____

5 Resolva cada um dos seguintes problemas.

a) Elisa comprou uma geladeira por 1 400 reais e um fogão por 1 600 reais. O valor da compra será pago em 8 parcelas iguais e sem acréscimo. Qual é o valor de cada parcela?

Resposta: _____

b) Na Escola Pindorama há 3 turmas do 5º ano. A turma A tem 34 alunos, a turma B 33 alunos, e a turma C tem apenas 23 alunos. Numa gincana escolar as turmas serão misturadas e divididas em 6 equipes com o mesmo número de alunos. Qual é esse número?

Resposta: _____

c) Em uma viagem de férias Marcos e sua família gastaram, nos quatro primeiros dias, 2 490 reais. Nos sete dias seguintes gastaram mais 8 400 reais. Qual foi o gasto diário deles nesses dias?

Resposta: _____

32

12. Multiplicação e divisão

1 Observe no quadro a seguir as multiplicações e as divisões que relacionam os números 240, 20 e 12.

| 20 × 12 = 240 | 240 ÷ 20 = 12 |
| 12 × 20 = 240 | 240 ÷ 12 = 20 |

Com o auxílio de uma calculadora, escreva as multiplicações e as divisões que relacionam os números a seguir.

a) 1 450, 50 e 29

b) 8 550, 342 e 25

2 João percebeu que dividir um número por 25 é o mesmo que dividir por 100 e multiplicar o resultado por 4.

> Para dividir 1 200 por 25 ele fez:
> 1 200 ÷ 100 = 12 e 12 × 4 = 48.
> Assim, 1 200 ÷ 25 = 48.

Utilizando o procedimento de João, faça as seguintes divisões por 25.

a) 125 000 ÷ 25 = _____

c) 72 400 ÷ 25 = _____

b) 180 000 ÷ 25 = _____

d) 44 600 ÷ 25 = _____

3 Complete as lacunas.

a) Dividir um número por 10 e depois multiplicar o resultado por 2 é o mesmo que dividir esse número por _____.

b) Multiplicar um número por 4 e o resultado por 3 é o mesmo que multiplicar esse número por _____.

4 Complete os quadros a seguir de acordo com as operações indicadas.

[9 700] ÷ 10 → □ × 20 → □ × 2 → □ ÷ 100 → □ × 4 → □ × 5 → □ × 40 → □ ÷ 20 → □ × 2 → □ × 5 → □ ÷ 16 → □

5 Resolva os problemas a seguir.

a) Mateus pagou 15 parcelas iguais no valor de 120 reais cada uma. Se tivesse dividido o total em 30 parcelas iguais, qual seria o valor de cada parcela?

Resposta: _____

b) As quantias de 1 500 reais, 1 800 reais e 4 200 reais deverão ser divididas igualmente entre 5 pessoas. Qual quantia caberá a cada uma delas?

Resposta: _____

c) Ao dividir certa quantia igualmente entre 8 pessoas, observou-se que cada uma receberia 300 reais. Se essa mesma quantia fosse dividida igualmente entre 20 pessoas, quanto caberia a cada uma?

Resposta: _____

13. Ideia de múltiplo

1. Começando por zero, complete as sequências escrevendo os múltiplos dos números indicados.

a) múltiplos de 6

b) múltiplos de 7

c) múltiplos de 9

d) múltiplos de 11

e) múltiplos de 12

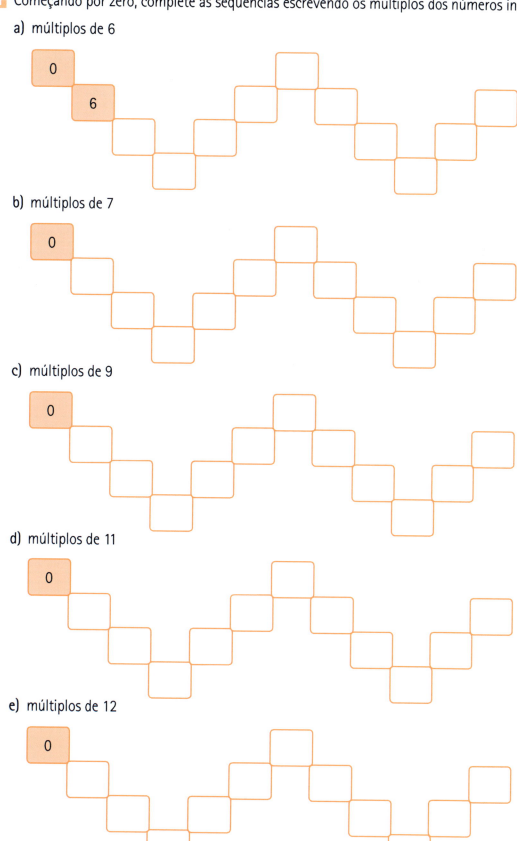

2 Marque com um **X** as afirmações verdadeiras.

a) ☐ O número 45 é múltiplo de 15.

b) ☐ Todo número par é múltiplo de 2.

c) ☐ Se um número tem o algarismo das unidades igual a zero, então é múltiplo de 10.

d) ☐ Se um número tem o algarismo das unidades igual a 5, então é múltiplo de 5.

e) ☐ O número 50 é múltiplo de 12.

f) ☐ O número 1 200 é múltiplo de 20.

3 Preencha o diagrama de palavras com o resultado das multiplicações a seguir.

| 4 × 5 | 4 × 25 | 4 × 0 | 4 × 2 | 4 × 1 | 4 × 10 |
| 4 × 15 | 4 × 50 | 4 × 4 | 4 × 7 | 4 × 9 | 4 × 13 |

14. Ideia de divisor

1 O retângulo a seguir tem 60 quadradinhos.

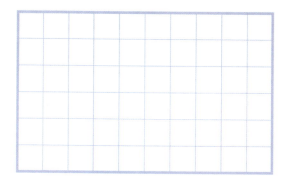

São 10 colunas por 6 linhas:
10 × 6 = 60.

a) Utilizando uma régua, desenhe no quadriculado a seguir 3 retângulos, de tamanhos diferentes, formados por 60 quadradinhos cada um.

b) Agora responda:
- Os retângulos feitos por você são iguais aos dos colegas? _____
- Quais são as possibilidades para retângulos com 60 quadradinhos? _____
_____
- Quais são os divisores de 60? _____

37

2 Observe o quadro a seguir e depois responda às questões.

a) Por quantas cédulas de 50 reais podemos trocar essa quantia?

Resposta: _____

b) O número 50 é um divisor do número 1 000?

Resposta: _____

3 A quantia de 1 440 reais deverá ser trocada por cédulas de 5 reais.

Responda:

a) Qual será a quantidade de cédulas de 5 reais necessárias para a troca?

Resposta: _____

b) O número 5 é um divisor do número 1 440?

Resposta: _____

4 Escreva todos os divisores dos números a seguir.

a) 96: _____

b) 56: _____

c) 80: _____

5 Explique o que é:

a) número natural primo; _____

_____

b) decomposição em fatores primos. _____

_____

6 Escreva os números a seguir como um produto de fatores primos.

a) 32 = _____

b) 162 = _____

c) 280 = _____

Ângulos, triângulos e quadriláteros

15. Ideia de ângulo
16. Comparação e classificação de ângulos
17. Quadriláteros
18. Triângulos

15. Ideia de ângulo

1 Observe a figura e complete as frases.

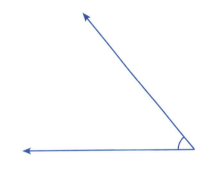

a) Um ângulo tem _____ lados e _____ vértice.
b) Os lados de um ângulo são _____ de mesma origem.
c) A origem dessas duas semirretas é o _____ do ângulo.

2 Com o auxílio de uma régua, desenhe no quadro a seguir um ângulo de meia-volta.

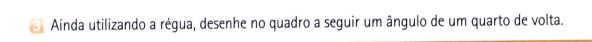

3 Ainda utilizando a régua, desenhe no quadro a seguir um ângulo de um quarto de volta.

4 Complete as lacunas com a denominação dos elementos de um ângulo.

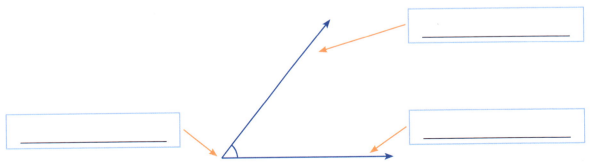

40

5. Marque com um **X** o ângulo entre os ponteiros do relógio que tem maior abertura.

6. Desenhe os ponteiros do relógio de tal forma que a hora inteira indicada forme um ângulo de um quarto de volta.

7. Observe o motociclista do desenho a seguir. Ele saiu do ponto **A**, passou pela rotatória e chegou ao ponto **B**.

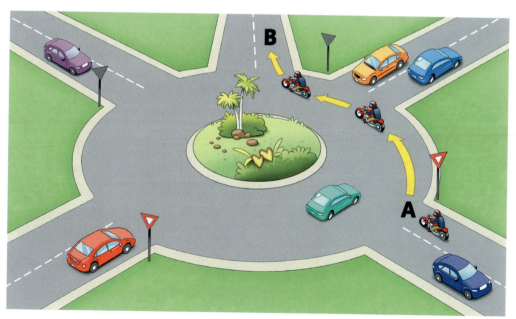

Responda:
- O motociclista passou por mais de um quarto de volta na rotatória, por um quarto de volta, ou por menos de um quarto de volta?

_____

16. Comparação e classificação de ângulos

1 Utilize instrumentos de desenho e faça no quadro a seguir um ângulo reto, um ângulo agudo e um ângulo obtuso.

2 Com o auxílio de uma régua represente os ponteiros conforme os horários indicados.

10 h 30 min

7 h

15 h

12 h 10 min

12 h 25 min

13 h 15 min

Agora responda:

a) Em qual dos horários acima os ponteiros formam um ângulo reto? _____

b) Em quais horários o menor ângulo entre os ponteiros é agudo? _____

c) E em quais horários o menor ângulo entre os ponteiros é obtuso?

3 Recorte de um jornal ou de uma revista uma imagem em que é possível observar um ângulo reto. Cole-a no quadro abaixo.

4 Pinte as figuras a seguir de acordo com a legenda.

    🟥 Polígonos cujos ângulos internos são retos.

    🟦 Polígonos cujos ângulos internos são obtusos.

    🟩 Polígonos cujos ângulos internos são agudos.

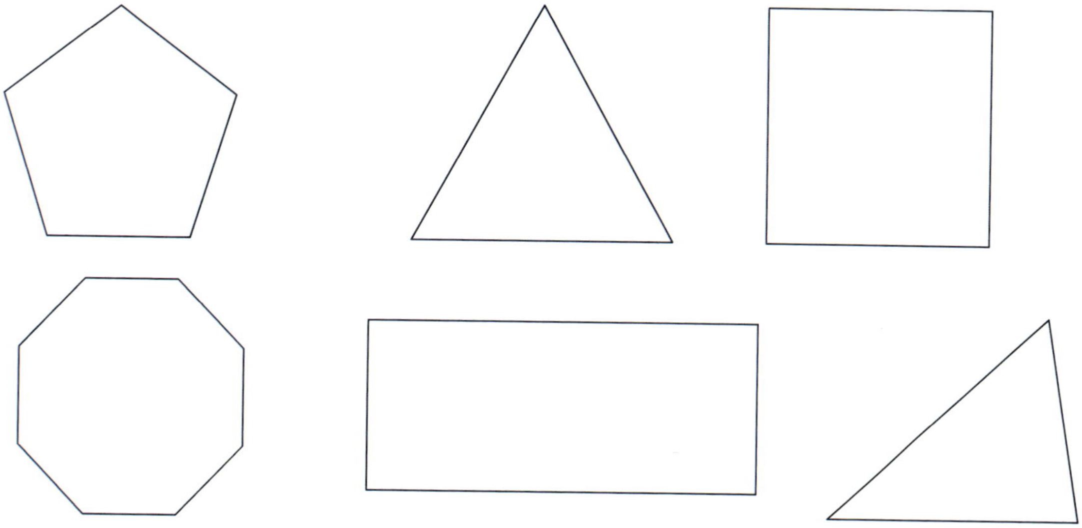

5 Júlia desenhou dois quadriláteros diferentes e apresentou-os para a turma. Depois ela perguntou se os ângulos internos eram agudos, obtusos ou retos. Qual resposta deve ser dada?

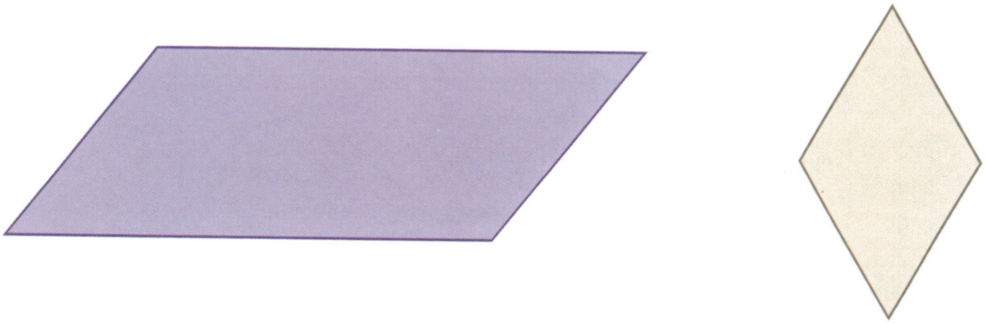

Resposta: _____

43

17. Quadriláteros

1 Explique com suas palavras o que é um quadrilátero.

_____
_____
_____

2 Escreva o nome dos seguintes quadriláteros.

_____ _____ _____

_____ _____

3 Marque com um **X** as afirmações verdadeiras.

a) ☐ Todo retângulo é um quadrilátero.

b) ☐ Todo losango é um quadrilátero.

c) ☐ Todo quadrilátero é um quadrado.

d) ☐ Um retângulo tem os quatro ângulos internos retos.

e) ☐ Um quadrado tem os quatro ângulos internos retos.

f) ☐ Um retângulo tem os quatro ângulos internos agudos.

g) ☐ Um quadrado tem os quatro lados com a mesma medida.

h) ☐ Um losango tem os quatro lados com a mesma medida.

i) ☐ Um losango tem os quatro ângulos com a mesma medida.

4. Nos quadriláteros a seguir, trace as diagonais utilizando uma régua.

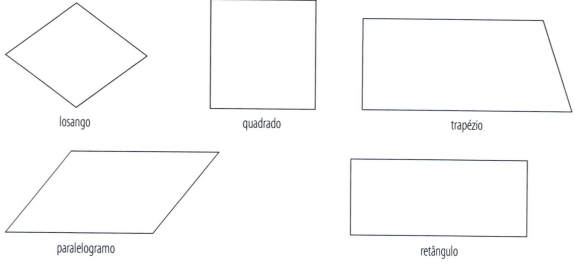

Agora responda:
- Dos quadriláteros acima, quais têm as duas diagonais com o mesmo comprimento?
_____

5. Na malha quadriculada a seguir faça um quadrado, um retângulo, um losango, um paralelogramo e um trapézio. Depois pinte a região interna desses quadriláteros.

18. Triângulos

1 Você é o artista! O retângulo abaixo foi dividido em diferentes triângulos. Escolha as cores e pinte a figura para formar um belo quadro. Em seguida mostre-o para os colegas.

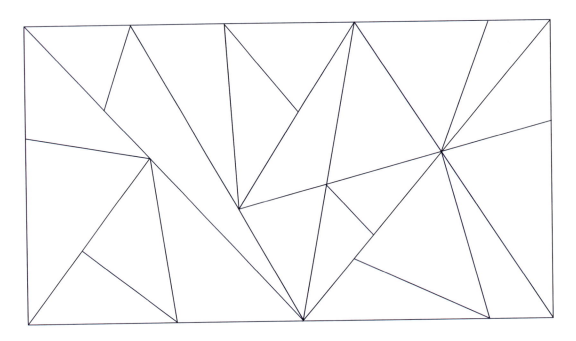

Agora responda:
- Em quantos triângulos o retângulo está dividido? Considere para a contagem apenas os triângulos que não têm segmentos de reta em sua parte interna. _____

2 Com exceção da 1ª figura, cada uma é formada por triângulos menores e de mesmo tamanho.

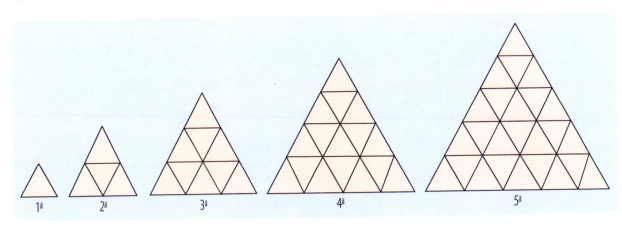

a) Explique como essa sequência de figuras foi formada.
_____

b) Quantos triângulos menores deverão aparecer na 6ª figura dessa sequência?
_____

46

3. Utilize uma régua para desenhar em cada quadro o triângulo solicitado.

Triângulo retângulo	Triângulo isósceles
Triângulo escaleno	**Triângulo equilátero**

4. Pedro desenhou na malha triangular abaixo um triângulo equilátero. Desenhe dois outros triângulos equiláteros, um menor e outro maior do que o triângulo desenhado por Pedro.

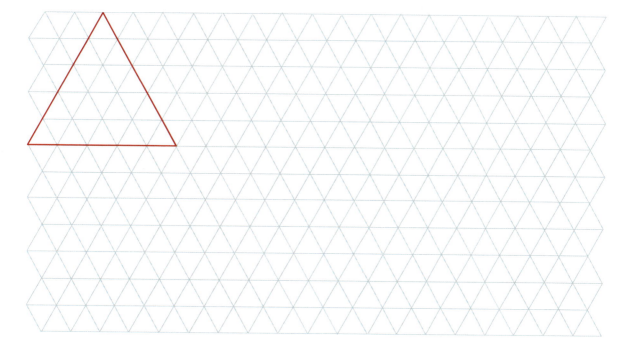

47

Os números e a escrita fracionária

19. Fração: a ideia da parte de um todo
20. Fração de uma quantidade
21. Números mistos
22. Frações equivalentes

19. Fração: a ideia da parte de um todo

1 Observe que o círculo abaixo foi dividido em partes iguais. Depois complete as frases.

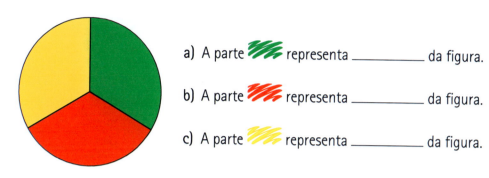

a) A parte ▰▰ representa _____ da figura.

b) A parte ▰▰ representa _____ da figura.

c) A parte ▰▰ representa _____ da figura.

2 As figuras a seguir foram divididas em triângulos de mesmo tamanho. Pinte-as de acordo com as frações indicadas.

a) $\dfrac{1}{5}$

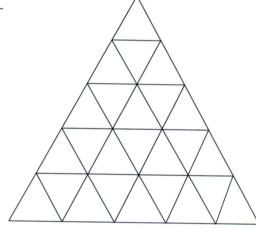

b) $\dfrac{1}{3}$

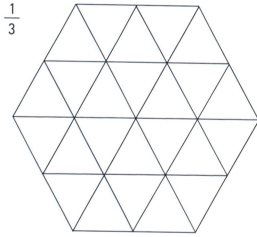

3 Escreva como se lê cada fração a seguir.

a) $\dfrac{2}{5}$ → _____

b) $\dfrac{5}{8}$ → _____

c) $\dfrac{3}{10}$ → _____

d) $\dfrac{11}{12}$ → _____

e) $\dfrac{45}{100}$ → _____

f) $\dfrac{9}{7}$ → _____

g) $\dfrac{17}{18}$ → _____

4. Observe a representação do bloco retangular a seguir, formado por cubos de mesmo tamanho, e depois faça o que se pede.

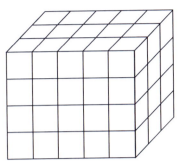

a) A figura é formada por quantos cubos?
_____

b) Pinte cada camada horizontal do bloco com uma cor diferente.

c) Cada camada horizontal que você coloriu representa qual fração do bloco?
_____

d) Quantos cubos formam cada camada horizontal?
_____

5. O cubo do Material Dourado é formado por 1 000 cubinhos, como indica a figura a seguir. Além disso, temos a placa, a barra e o cubinho.

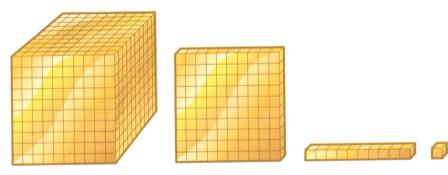

Complete as lacunas com frações.

a) Cada cubinho representa _____ do cubo.

b) Cada placa representa _____ do cubo.

c) Cada barra representa _____ do cubo.

6. Pinte de verde $\frac{3}{4}$ da metade da figura a seguir.

20. Fração de uma quantidade

1 A figura a seguir foi dividida em 45 partes iguais. De acordo com o código de cores, pinte as quantidades indicadas.

$\frac{1}{5}$ da figura

$\frac{1}{3}$ da figura

$\frac{1}{9}$ da figura

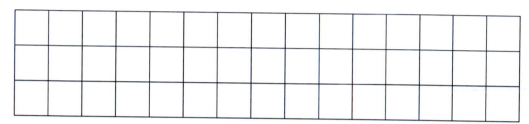

Agora responda:

a) Quantos quadradinhos foram pintados de vermelho? _____

b) Quantos quadradinhos foram pintados de verde? _____

c) E de amarelo? _____

d) Qual é a fração de quadradinhos que não foram pintados? _____

2 Calcule as frações.

a) $\frac{6}{10}$ de 1 000 metros: _____

b) $\frac{3}{5}$ de 2 500 reais: _____

c) $\frac{3}{4}$ de 200 dias: _____

d) $\frac{7}{24}$ de 48 horas: _____

e) $\frac{3}{7}$ de 63 quilogramas: _____

f) $\frac{5}{8}$ de 400 centímetros: _____

3 O gráfico a seguir foi elaborado com base nas respostas a uma pesquisa feita com 300 pessoas sobre qual era o esporte favorito delas.

Por acaso, com a distribuição dos dados, o gráfico ficou dividido em partes iguais. Complete a tabela com o número de pessoas que preferem cada esporte citado na pesquisa.

Esporte	Futebol	Basquete	Vôlei	Tênis
Quantidade				

4 Resolva os problemas a seguir.

a) Sabe-se que a cada 3 crianças de uma escola, 2 são meninas e 1 é menino. Se nessa escola há 360 crianças, quantas são as meninas e quantos são os meninos?

Resposta: _____

b) Dos 2 500 reais que Marcos recebeu por um trabalho, gastou $\frac{1}{5}$ no supermercado e do que sobrou, gastou $\frac{1}{4}$ com o pagamento de dívidas. Quanto Marcos gastou com essas contas?

Resposta: _____

c) Um prédio tem 10 andares, e em cada andar desse prédio há 4 janelas. Sabe-se que $\frac{3}{8}$ dessas janelas estão sem cortina. Quantas janelas têm cortinas?

Resposta: _____

21. Números mistos

1 Maurício estava estudando números mistos quando encontrou em seu livro o seguinte desenho:

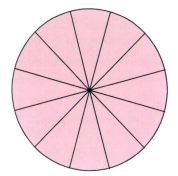 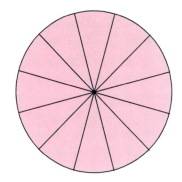 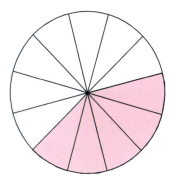

Sabendo-se que cada círculo representa 1 inteiro, todos têm o mesmo tamanho e foram divididos em partes iguais, responda:

a) Qual fração representa a parte colorida da figura? _____

b) Essa fração corresponde a qual número misto? _____

2 Represente na figura a seguir a fração $\frac{37}{10}$.

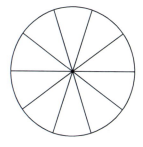 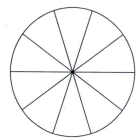 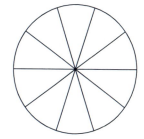 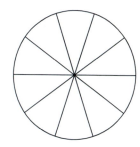

Agora responda:
- A parte colorida da figura pode ser representada por qual número misto? _____

3 Cada retângulo a seguir, que representa 1 inteiro, foi dividido em 5 partes iguais. Sabendo-se que os retângulos são de mesmo tamanho, pinte o correspondente a 5 inteiros e 3 quintos.

 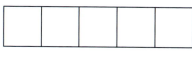

Agora responda:

a) Quantas partes você coloriu? _____

b) Qual fração representa o que foi pintado? _____

c) Qual número misto representa o que foi pintado? _____

53

4 Escreva como lemos os números mistos a seguir.

a) $3\frac{2}{9}$ → _____

b) $1\frac{4}{5}$ → _____

c) $5\frac{1}{10}$ → _____

5 Resolva os seguintes problemas.

a) Uma grande jarra tem a capacidade de $2\frac{3}{4}$ de litro de suco. Qual é a capacidade dessa jarra em mililitros?

Resposta: _____

b) Explique como é possível dividir igualmente 10 folhas retangulares, de mesmo tamanho, entre 4 crianças considerando-se que podemos fracionar as folhas. A explicação pode ser feita por meio de desenhos.

Resposta: _____

c) Antônia teve de ficar esperando 2 horas e $\frac{3}{4}$ de hora até ser atendida pela diretoria. Quantos minutos a mais além das duas horas ela esperou?

Resposta: _____

6 Elabore um problema que envolva números mistos e, depois, troque de caderno com um colega para que ele resolva seu problema, enquanto você resolve o que foi feito por ele. Em seguida apresente-o para a turma.

Enunciado do problema:
_____
_____
_____

Resposta do problema: _____

22. Frações equivalentes

1 Observe a sequência de figuras. Descubra qual é o segredo da sequência e desenhe a próxima figura. Depois explique o segredo.

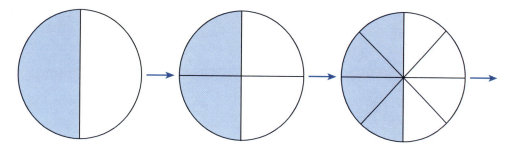

Segredo:
_____
_____

2 Faça o que se pede:

a) Escreva a fração que representa cada figura da sequência da atividade anterior.
_____

b) Explique por que essas frações são equivalentes.
_____
_____

3 Ligue os quadros que contêm frações equivalentes.

$\dfrac{2}{3}$ $\dfrac{1}{5}$ $\dfrac{8}{10}$ $\dfrac{5}{6}$ $\dfrac{12}{16}$ $\dfrac{12}{36}$

$\dfrac{4}{5}$ $\dfrac{3}{4}$ $\dfrac{1}{3}$ $\dfrac{2}{10}$ $\dfrac{4}{6}$ $\dfrac{15}{18}$

55

4. Descubra o segredo da sequência e complete-a. Depois, explique o segredo.

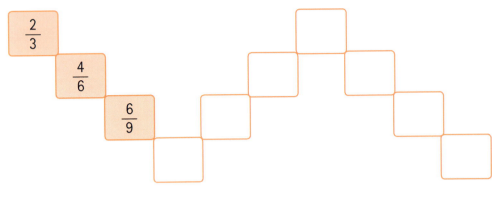

Segredo: _____
_____

5. Invente uma sequência formada por frações equivalentes, escreva o seu segredo no caderno e depois mostre-a a um colega para que ele descubra o segredo e o anote abaixo dela.

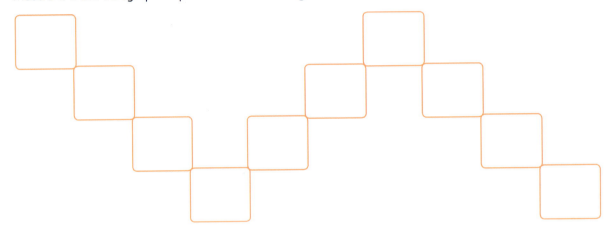

Segredo: _____
_____

6. Represente no primeiro retângulo a fração $\frac{3}{4}$ e nos demais as frações equivalentes a $\frac{3}{4}$. Depois responda à questão, sabendo que as figuras têm o mesmo tamanho e foram divididas em partes iguais.

- Quais frações equivalentes a $\frac{3}{4}$ você representou nas figuras acima? _____

Área

23. Medida de superfície
24. Cálculo de áreas

23. Medida de superfície

1. Observe abaixo dois pisos de uma casa revestidos com cerâmica de mesmo tamanho:

Corredor.

Lavanderia.

Responda:

a) Quantas cerâmicas foram utilizadas para revestir o corredor? _____

b) Como você fez o cálculo? _____

c) Quantas cerâmicas foram utilizadas para revestir a lavanderia? _____

d) Como você fez o cálculo? _____

2. O piso da sala de Pedro foi revestido com cerâmicas quadradas. Observe a figura e depois responda às questões.

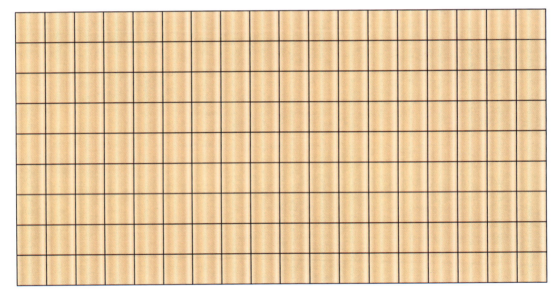

a) Quantas cerâmicas quadradas foram usadas para revestir o piso?

_____

b) A sala da casa de Cláudio tem o dobro do comprimento e o dobro da largura da sala de Pedro. Quantas cerâmicas Cláudio vai precisar para revestir sua sala?

_____

c) O que você concluiu com relação ao comprimento, à largura e à quantidade de cerâmica usada nas duas salas?

_____

_____

3 Com o auxílio de uma régua e conforme a legenda, desenhe e pinte um quadrado na malha quadriculada:

🖍 com 4 cm² de área;   🖍 com 16 cm² de área;
🖍 com 9 cm² de área;   🖍 com 25 cm² de área.

Observe que cada quadradinho da malha tem 1 cm² de área.

- Após você ter desenhado os quadrados, qual espaço sobrou da malha em centímetros quadrados?

Resposta: _____

4 Observe as figuras desenhadas na malha quadriculada a seguir e depois responda à questão.

- Qual delas ocupa a maior área? _____

59

24. Cálculo de áreas

1 Explique como podemos calcular a área de um retângulo.

_____

2 A parte destacada do desenho ao lado equivale a um grande terreno. Se cada quadrado representa 100 metros quadrados de área, qual é a área desse terreno?

Resposta: _____

3 Recorte de um jornal ou imprima da internet um anúncio da venda de um terreno em sua cidade em que sejam mencionados a área e o valor de venda. Cole o anúncio no quadro abaixo e depois faça o que se pede.

a) Calcule o preço do metro quadrado do terreno. Para isso use uma calculadora.

Resposta: _____

b) Compare o preço que você encontrou com o preço do metro quadrado do terreno pesquisado por outros colegas, escreva o maior e o menor preço, e os respectivos bairros onde estão localizados esses terrenos.

Resposta: _____

c) Em sua opinião, por que há diferença de preço no metro quadrado, mesmo que os terrenos estejam na mesma cidade?

_____
_____
_____

60

4 Desenhe na malha quadriculada a seguir dois retângulos de perímetros diferentes que tenham a área igual a 28 cm². Observe que cada quadradinho tem 1 cm² de área.

Agora responda:

a) Quais são as medidas dos lados desses dois retângulos?
___

b) Qual é o perímetro de cada um desses dois retângulos?
___

5 Resolva os seguintes problemas.

a) Maurício tem um terreno de 600 metros quadrados e deverá construir uma casa que ocupe um retângulo com 15 m de largura por 13 m de comprimento. O restante do terreno será gramado. Qual área a grama ocupará no terreno?

Resposta: ___

b) Marta desenhou no caderno um quadrado de 16 cm² de área e um retângulo de 16 cm² de área. Em seu caderno, faça um esboço de um quadrado e um retângulo que tenham área igual a 16 cm² e depois responda:
- É possível determinar o perímetro do quadrado?
- E o perímetro do retângulo?

Resposta: ___
___

Operações com frações e porcentagem

25. Simplificação e comparação de frações
26. Adição e subtração de frações com denominadores iguais
27. Adição e subtração de frações com denominadores diferentes
28. Cálculo de porcentagem

25. Simplificação e comparação de frações

1 Simplifique as frações a seguir.

a) $\dfrac{2}{26} =$

b) $\dfrac{4}{18} =$

c) $\dfrac{3}{15} =$

d) $\dfrac{8}{30} =$

2 Em um feriado, Júlia dormiu $\dfrac{1}{3}$ de um dia, enquanto Pedro dormiu $\dfrac{8}{24}$ do dia. Responda:

a) Quantas horas Júlia dormiu?

_____

b) Quantas horas Pedro dormiu?

_____

c) O que você pode afirmar sobre as duas frações?

_____
_____
_____

3 Complete as equivalências.

a) $\dfrac{2}{5} = \dfrac{10}{}$

b) $\dfrac{1}{24} = \dfrac{1}{12}$

c) $\dfrac{9}{} = \dfrac{1}{3}$

d) $\dfrac{7}{6} = \dfrac{42}{}$

e) $\dfrac{25}{100} = \dfrac{}{4}$

f) $\dfrac{}{16} = \dfrac{3}{2}$

4 Os círculos a seguir têm o mesmo tamanho e cada um foi dividido em partes iguais. Pinte a parte de cada círculo conforme a fração indicada e, depois, escreva o que se pede.

  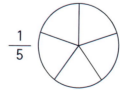 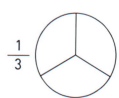

a) As frações em ordem crescente: _____.

b) As frações em ordem decrescente: _____

5 Simplifique cada fração a seguir até sua forma irredutível.

a) $\dfrac{50}{400} =$

b) $\dfrac{120}{360} =$

6 Use 9 cores diferentes para pintar os retângulos de cada linha do quadro a seguir.

1 inteiro
$\dfrac{1}{2}$ | $\dfrac{1}{2}$
$\dfrac{1}{3}$ | $\dfrac{1}{3}$ | $\dfrac{1}{3}$
$\dfrac{1}{4}$ | $\dfrac{1}{4}$ | $\dfrac{1}{4}$ | $\dfrac{1}{4}$
$\dfrac{1}{5}$ | $\dfrac{1}{5}$ | $\dfrac{1}{5}$ | $\dfrac{1}{5}$ | $\dfrac{1}{5}$
$\dfrac{1}{6}$ | $\dfrac{1}{6}$ | $\dfrac{1}{6}$ | $\dfrac{1}{6}$ | $\dfrac{1}{6}$ | $\dfrac{1}{6}$
$\dfrac{1}{7}$ | $\dfrac{1}{7}$ | $\dfrac{1}{7}$ | $\dfrac{1}{7}$ | $\dfrac{1}{7}$ | $\dfrac{1}{7}$ | $\dfrac{1}{7}$
$\dfrac{1}{8}$ | $\dfrac{1}{8}$ | $\dfrac{1}{8}$ | $\dfrac{1}{8}$ | $\dfrac{1}{8}$ | $\dfrac{1}{8}$ | $\dfrac{1}{8}$ | $\dfrac{1}{8}$
$\dfrac{1}{9}$ | $\dfrac{1}{9}$ | $\dfrac{1}{9}$ | $\dfrac{1}{9}$ | $\dfrac{1}{9}$ | $\dfrac{1}{9}$ | $\dfrac{1}{9}$ | $\dfrac{1}{9}$ | $\dfrac{1}{9}$
$\dfrac{1}{10}$ | $\dfrac{1}{10}$ | $\dfrac{1}{10}$ | $\dfrac{1}{10}$ | $\dfrac{1}{10}$ | $\dfrac{1}{10}$ | $\dfrac{1}{10}$ | $\dfrac{1}{10}$ | $\dfrac{1}{10}$ | $\dfrac{1}{10}$

Agora faça comparações para responder:

a) Qual fração é maior: $\dfrac{1}{5}$ ou $\dfrac{1}{8}$? _____

b) Qual fração é maior: $\dfrac{3}{10}$ ou $\dfrac{2}{7}$? _____

c) Qual fração é maior: $\dfrac{3}{9}$ ou $\dfrac{1}{3}$? _____

d) Qual fração é maior: $\dfrac{3}{4}$ ou $\dfrac{5}{6}$? _____

7 Observe as frações indicadas nas partes coloridas e depois faça o que se pede.

a) Escreva as frações em ordem crescente: _____

b) Escreva a fração equivalente a $\dfrac{1}{5}$ que tenha o denominador 15: _____

c) Escreva a fração equivalente a $\dfrac{1}{3}$ que tenha o denominador 15: _____

26. Adição e subtração de frações com denominadores iguais

1 Observe as frações que representam a parte colorida de cada figura. Sabendo-se que os retângulos têm o mesmo tamanho e foram divididos em partes iguais, efetue a adição das frações.

a) $\dfrac{1}{8} + \dfrac{2}{8} =$

b) $\dfrac{1}{8} + \dfrac{3}{8} =$

c) $\dfrac{2}{8} + \dfrac{3}{8} =$

d) $\dfrac{1}{8} + \dfrac{2}{8} + \dfrac{3}{8} =$

2 Ainda observando as figuras da atividade anterior, escreva o resultado de:

a) $\dfrac{2}{8} - \dfrac{1}{8} =$

b) $\dfrac{3}{8} - \dfrac{1}{8} =$

c) $\dfrac{3}{8} - \dfrac{2}{8} - \dfrac{1}{8} =$

d) $\dfrac{5}{8} + \dfrac{1}{8} - \dfrac{3}{8} =$

3 Observe que o retângulo a seguir foi dividido em retângulos menores e de mesmo tamanho.

Responda:

a) Quantos retângulos correspondem a $\dfrac{15}{60}$ do total de retângulos em que a figura foi dividida?

Resposta: _____

b) Quantos retângulos correspondem a $\dfrac{34}{60}$ do total de retângulos em que a figura foi dividida?

Resposta: _____

c) Quantos retângulos correspondem a $\dfrac{15}{60} + \dfrac{34}{60}$ do total de retângulos em que a figura foi dividida?

Resposta: _____

4 Efetue as seguintes adições e subtrações:

a) $\dfrac{2}{7} + \dfrac{3}{7} =$

b) $\dfrac{7}{9} - \dfrac{5}{9} =$

c) $\dfrac{15}{6} + \dfrac{1}{6} =$

d) $\dfrac{8}{12} - \dfrac{5}{12} =$

e) $\dfrac{8}{8} + \dfrac{1}{8} =$

f) $\dfrac{15}{10} - \dfrac{3}{10} =$

5 Descubra o segredo da sequência formada por frações e complete-a.

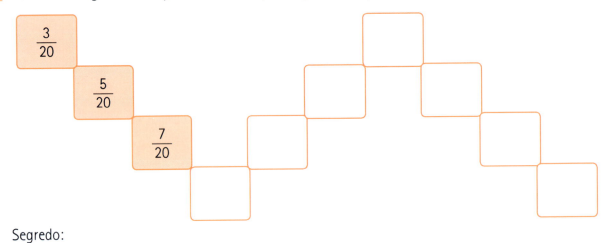

Segredo: _____

6 O hexágono a seguir foi dividido em partes iguais. Represente o resultado de $\dfrac{4}{9} + \dfrac{3}{9}$ da figura.

Para isso, utilize cores diferentes a fim de identificar cada parcela dessa soma.

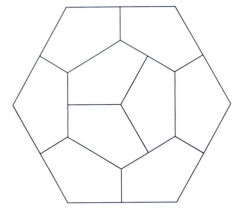

7 Resolva o seguinte problema.

Andei $\dfrac{3}{5}$ de uma distância e corri $\dfrac{1}{5}$ dessa mesma distância. Qual fração da distância total eu já percorri? Quanto falta da distância para terminar?

Resposta: _____

27. Adição e subtração de frações com denominadores diferentes

1 Escreva, pelo menos, três frações equivalentes em cada item.

a) $\frac{1}{3}$ ⟶ _____

b) $\frac{1}{4}$ ⟶ _____

2 Efetue as adições usando frações equivalentes.

a) $\frac{1}{3} + \frac{1}{4} =$ _____

b) $\frac{2}{5} + \frac{3}{4} =$ _____

3 Responda às questões:

a) Como podemos efetuar a adição ou a subtração de frações com o mesmo denominador?

_____

_____

b) Como podemos efetuar a adição ou a subtração de frações com denominadores diferentes?

_____

_____

_____

4 Os retângulos a seguir têm o mesmo tamanho e foram divididos em partes iguais. Pinte partes das figuras à direita a fim de que representem as mesmas frações que estão representadas nas figuras à esquerda.

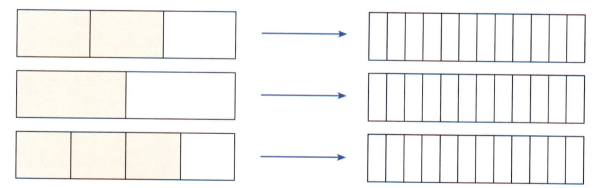

a) Agora escreva as equivalências de frações que você obteve.

_____

b) Qual é o resultado da adição $\frac{2}{3} + \frac{1}{2} + \frac{3}{4}$?

_____

5. Efetue a adição e a subtração das frações a seguir.

a) $\dfrac{2}{5} + \dfrac{3}{7} =$ _____

b) $\dfrac{3}{5} - \dfrac{2}{7} =$ _____

c) $\dfrac{3}{8} + \dfrac{1}{6} =$ _____

d) $\dfrac{3}{8} - \dfrac{1}{6} =$ _____

e) $\dfrac{1}{2} + \dfrac{1}{3} + \dfrac{1}{4} =$ _____

f) $\dfrac{1}{3} + \dfrac{1}{5} - \dfrac{1}{15} =$ _____

6. Observe o horário inicial e o horário final de um treinamento de futebol numa mesma tarde. Depois responda às questões.

a) Quantos minutos se passaram?

_____

b) Calcule $\dfrac{1}{10}$ e $\dfrac{1}{5}$ desse tempo que passou.

_____

c) Quantos minutos correspondem a $\dfrac{1}{10} + \dfrac{1}{5}$ do tempo que passou?

_____

d) Qual é a fração correspondente a $\dfrac{1}{10} + \dfrac{1}{5}$?

_____

28. Cálculo de porcentagem

1 Pinte partes da malha quadriculada de acordo com o código de cores a seguir.

    25%   10%   5%   35%

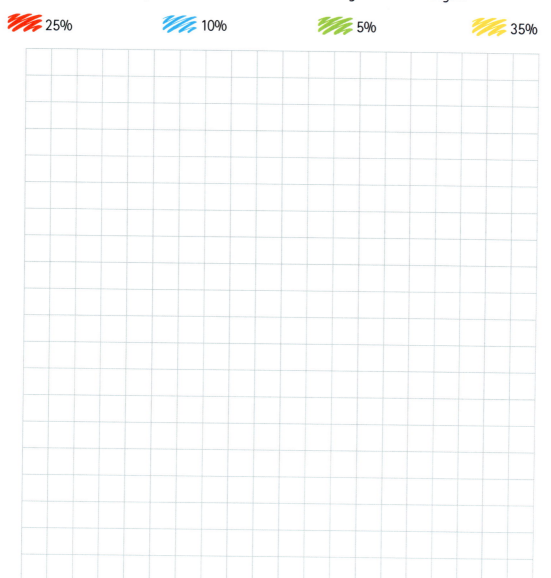

- Quantos por cento da malha não foram coloridos? Quantos são esses quadradinhos não coloridos? _____

2 Em relação à atividade anterior, complete estas frases.

a) 25% de 400 quadradinhos é igual a _____ quadradinhos

b) 10% de 400 quadradinhos é igual a _____ quadradinhos

c) 5% de 400 quadradinhos é igual a _____ quadradinhos

d) 35% de 400 quadradinhos é igual a _____ quadradinhos

3 Responda às questões:

a) Qual é o valor correspondente a 20% de 500 reais? _____

b) Qual é o valor correspondente a 50% de 200 reais? _____

4. Escreva as frações centesimais de duas formas: utilizando o símbolo de porcentagem e, depois, como são lidas.

   a) $\dfrac{45}{100}$ → _____

   b) $\dfrac{82}{100}$ → _____

   c) $\dfrac{74}{100}$ → _____

5. Calcule os percentuais a seguir.

   a) 23% de 1 200 reais: _____

   b) 18% de 2 000 reais: _____

6. Observe o círculo que está dividido em partes iguais. Depois, pinte-o conforme o código de cores a seguir.

   ▨ 25%   ▨ 75%

   Agora responda:

   a) Qual fração da figura foi colorida de amarelo? _____

   b) E de laranja? _____

7. Resolva cada um dos seguintes problemas.

   a) Marcos comprou um carro no valor de 45 000 reais. Como pagou à vista, teve um desconto de 8%. Quanto ele pagou pelo carro?

   Resposta: _____

   b) Caso Marcos comprasse o carro em parcelas, teria um acréscimo de 6% no valor original. Qual seria o novo preço do carro?

   Resposta: _____

Números decimais

29. Números com vírgulas
30. Centésimos e milésimos
31. Adição e subtração
32. Multiplicação
33. Divisão

29. Números com vírgulas

1 Represente cada item na forma decimal.

a) 4 inteiros e 6 décimos: _____

b) 7 inteiros e 8 décimos: _____

c) 9 inteiros e 2 décimos: _____

d) 15 inteiros e 5 décimos: _____

2 Considerando-se que cada círculo representa 1 inteiro, pinte partes da figura para representar o número 2,6.

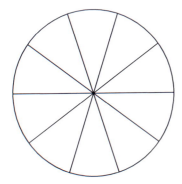
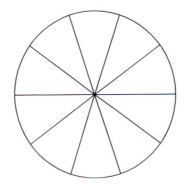
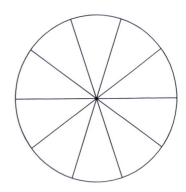

3 Observe uma régua e responda:

a) Quantos milímetros há em 2 centímetros? _____

b) Quantos milímetros há em 3 centímetros? _____

c) Quantos milímetros há em 4 centímetros? _____

4 Ainda sobre a régua, complete as igualdades com as medidas em centímetros.

a) 2 mm = _____ cm

b) 3 mm = _____ cm

c) 4 mm = _____ cm

d) 5 mm = _____ cm

e) 7 mm = _____ cm

f) 9 mm = _____ cm

5 Observe a régua e os segmentos vermelhos. Depois escreva a medida de cada segmento em centímetros.

a)

_____ cm

c)

_____ cm

b)

_____ cm

d)

_____ cm

6 Descubra o segredo das sequências e complete-as.

a)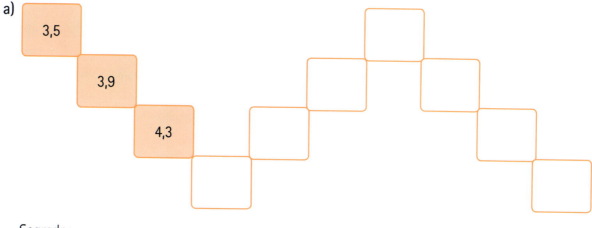

Segredo: _____

b)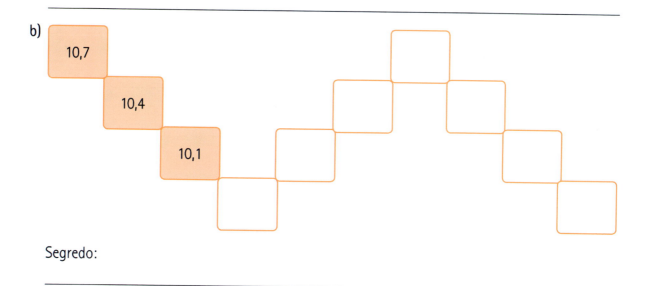

Segredo: _____

7 Resolva os problemas a seguir.

a) Em uma lanchonete, o preço do suco de laranja teve um aumento de 10 centavos. Uma pessoa pagou R$ 14,40 por 4 sucos. Qual era o preço de cada suco antes do aumento?

Resposta: _____

b) Um quadrado tem a medida do lado igual a 7,6 cm. Se aumentarmos 0,2 cm em cada lado, qual será o perímetro do novo quadrado?

Resposta: _____

30. Centésimos e milésimos

1 Neste gráfico as informações estão em porcentagem. Preencha a tabela transformando as porcentagens em números decimais.

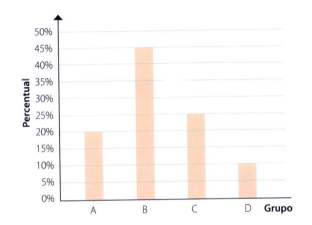

Grupo	Número decimal
A	
B	
C	
D	

2 Escreva por extenso as quantias a seguir.

a) R$ 45,76: _____

b) R$ 99,28: _____

c) R$ 30,49: _____

3 Decomponha os números a seguir de acordo com o exemplo.

$$37,876 = 30 + 7 + 0,8 + 0,07 + 0,006$$

a) 85,248 = _____

b) 29,391 = _____

c) 42,001 = _____

4 Observe a representação das peças do Material Dourado:

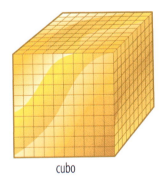  

cubo — placa — barra — cubinho

Considerando-se que o cubo representa 1 inteiro, responda às questões a seguir.

a) A placa representa qual número decimal? _____

b) A barra representa qual número decimal? _____

c) O cubinho representa qual número decimal? _____

5. Descubra o segredo das sequências e complete-as.

a)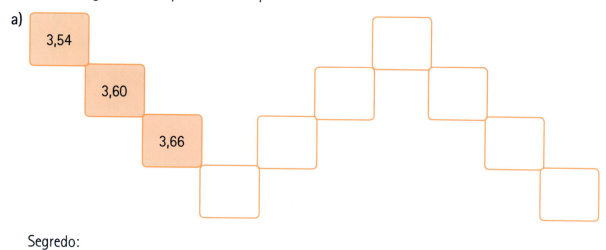

Segredo: _____

b)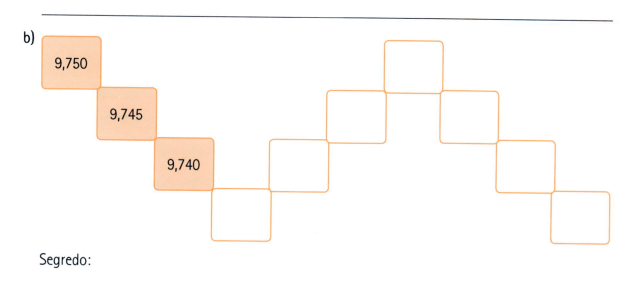

Segredo: _____

6. Resolva os seguintes problemas.

a) Um terreno tem a forma de um quadrado com medida de lado igual a 24,472 m. Qual é o perímetro desse terreno?

Resposta: _____

b) Uma vaca foi pesada e obteve-se o valor correspondente a 425,74 quilogramas. Quantos quilogramas faltam para completar 1 tonelada?

Resposta: _____

75

31. Adição e subtração

1 Efetue as adições e subtrações a seguir.

a) 10,775 + 24,823 = _____

b) 40,775 − 24,823 = _____

c) 312,923 + 104,489 = _____

d) 2 512,72 + 1 423,89 = _____

e) 2 512,72 − 1 423,89 = _____

f) 103,5 + 94,45 = _____

2 Escreva o resultado das seguintes operações:

a) 3 500 + 1 500 = _____
350 + 150 = _____
35 + 15 = _____
3,5 + 1,5 = _____
0,35 + 0,15 = _____
0,035 + 0,015 = _____
0,0035 + 0,0015 = _____

b) 2 200 − 1 200 = _____
220 − 120 = _____
22 − 12 = _____
2,2 − 1,2 = _____
0,22 − 0,12 = _____
0,022 − 0,012 = _____
0,0022 − 0,0012 = _____

3 Numa calculadora Márcia digitou o número 9,999 e adicionou a ele um segundo número de tal maneira que o resultado foi 20. Qual número foi adicionado?

Resposta: _____

32. Multiplicação

1 Resolva mentalmente as multiplicações a seguir e registre o resultado de cada uma delas.

a) 100 × 0,034 = _____

b) 1 000 × 0,081 = _____

c) 1 000 × 3,983 = _____

d) 10 × 10,085 = _____

2 Responda às questões.

a) Ao multiplicarmos um número decimal por 10, o que podemos dizer a respeito do resultado?
_____
_____

b) Ao multiplicarmos um número decimal por 100, o que podemos dizer a respeito do resultado?
_____
_____

c) Ao multiplicarmos um número decimal por 1 000, o que podemos dizer a respeito do resultado?
_____
_____

3 Escreva estes percentuais na forma decimal.

a) 2,5% = _____

b) 22,5% = _____

c) 40,3% = _____

d) 90,7% = _____

4 Calcule as porcentagens a seguir.

a) 20% de 240 = _____

b) 8% de 400 = _____

c) 70% de 900 = _____

d) 40% de 700 = _____

e) 30% de 6 000 = _____

f) 9% de 7 000 = _____

77

5 Efetue mentalmente as multiplicações, depois complete as lacunas.

a) 3 × 7 = _____
   30 × 7 = _____
   300 × 7 = _____
   0,3 × 7 = _____
   0,03 × 7 = _____
   0,003 × 7 = _____

b) 5 × 3 = _____
   50 × 0,3 = _____
   50 × 0,03 = _____
   0,5 × 3 = _____
   0,05 × 30 = _____
   0,005 × 300 = _____

c) 10 × 9 = _____
   100 × 9 = _____
   1 000 × 9 = _____
   0,1 × 9 = _____
   0,01 × 9 = _____
   0,001 × 9 = _____

d) 8 × 20 = _____
   80 × 20 = _____
   800 × 2 = _____
   0,8 × 2 = _____
   0,8 × 0,2 = _____
   0,8 × 0,02 = _____

6 Descubra qual quantia corresponde a:

a) 200 moedas de R$ 0,05 ⟶ _____ reais
b) 1 000 moedas de R$ 0,25 ⟶ _____ reais
c) 400 moedas de R$ 0,50 ⟶ _____ reais
d) 2 500 moedas de R$ 0,10 ⟶ _____ reais

7 Resolva os problemas a seguir.

a) Em um caderno quadriculado Aline desenhou um quadrado de lado medindo 10,25 cm. Qual é o perímetro desse quadrado?

Resposta: _____

b) Uma latinha de refrigerante está sendo vendida a R$ 2,75. Quanto pagará uma pessoa que compra duas dúzias desse refrigerante?

Resposta: _____

c) Em uma lanchonete cada sanduíche é vendido a R$ 6,80 e o refrigerante a R$ 2,75. Quanto gastaram 10 amigos se cada um comeu um sanduíche e tomou um refrigerante?

Resposta: _____

33. Divisão

1 Resolva mentalmente as divisões a seguir e registre o resultado de cada uma delas.

a) 32,45 ÷ 10 = _____

b) 987,456 ÷ 100 = _____

c) 0,3 ÷ 1 000 = _____

d) 3 450 ÷ 100 = _____

e) 4 500 ÷ 1 000 = _____

f) 10,085 ÷ 10 = _____

g) 90,25 ÷ 100 = _____

h) 20,1 ÷ 1 000 = _____

2 Responda às questões.

a) Ao dividirmos um número decimal por 10, o que podemos dizer a respeito do resultado?
_____
_____

b) Ao dividirmos um número decimal por 100, o que podemos dizer a respeito do resultado?
_____
_____

c) Ao dividirmos um número decimal por 1 000, o que podemos dizer a respeito do resultado?
_____
_____

3 Qual quantia caberá a cada pessoa ao repartirmos R$ 10.000,00 entre:

a) 5 pessoas? _____

b) 50 pessoas? _____

c) 500 pessoas? _____

d) 5 000 pessoas? _____

e) 50 000 pessoas? _____

f) 500 000 pessoas? _____

4 Considere a altura de quatro amigos.

1,47 m   1,50 m   1,43 m   1,60 m

a) Determine a altura média deles, dividindo a soma das alturas pelo número de pessoas.
_____

b) Quantos desses amigos estão acima da altura média?
_____

5. O gráfico a seguir apresenta os gastos mensais de Lúcia com gasolina no segundo semestre de 2016.

a) Determine o gasto médio nos meses de:
   • julho, agosto e setembro;
   • outubro, novembro e dezembro.

Resposta: _____

b) Determine o gasto médio mensal do segundo semestre.

Resposta: _____

6. Resolva os problemas a seguir.

a) Ao desenhar um quadrado no caderno, Paula observou que o perímetro era igual a 96,8 cm. Qual é a medida de cada um dos lados?

Resposta: _____

b) O preço de um carro usado à vista é R$ 45.000,00. Antônia comprou esse carro e dividiu seu pagamento em 8 parcelas iguais, com o acréscimo de 10% sobre o preço à vista. Qual é o valor de cada uma dessas parcelas?

Resposta: _____